Den blå anemone

Forfatter & foredragsholder
Stig Colbjørn Nielsen

www.colbjørn.dk

Stig Colbjørn Nielsen

Den blå anemone

Digte fra Agersø

Kolofon

Den blå anemone
Digte fra Agersø

© 2025 Stig Colbjørn Nielsen, Agersø
Forlag: BoD · Books on Demand, Strandvejen 100,
2900 Hellerup, bod@bod.dk
Tryk: Libri Plureos GmbH, Friedensallee 273,
22763 Hamborg, Tyskland

Sat med Adope Garamond 12 pkt & Footlight MT Light
Redigering & grafik: "BLÆKHUSET"
Cover: EasyCOVER ©
Illustrationer © "BLÆKHUSET"
v/Stig Colbjørn Nielsens private kunst- & fotosamling

1. udgave, 1. oplag
ISBN: 978-87-7691-961-0

www.bod.dk

Min haves blå anemone på Agersø, 2021
Foto af Stig Colbjørn Nielsen
*

"Hvad var det dog der skete?
Mit vinterfrosne Hjertes Kvarts
Maa smelte ved at se det,
Den første dag i Marts.
Hvad gennembrød den sorte Jord
Og gav den med sit søblaa Flor
Et Stænk af Himlens Tone?
Den lille Anemone,
Jeg planted' dér i fjor"

Kaj Munk 1943

På vej over havet til Agersø, 2024
Foto af Stig Colbjørn Nielsen

Prolog

Skønlitteratur er kunst! – Det lyder enkelt, det lyder bekendt; men det er ingen af delene. Synspunktet har jeg fremført i skrift og tale i mere end tyve år uden nævneværdige resultater. Tværtimod har jeg måtte tage imod de uendelige mængder verbale og anmelderbaserede øretæver, som dette synspunkt åbenbart giver. Det er imidlertid fortsat det, der efter min opfattelse, ligger bag hver eneste linje, der skrives indenfor skønlitteraturen! Indholdsfortegnelse side 130

Digtsamlingen er skrevet på Agersø, billederne er alle skabt sammesteds. Det er IKKE kunst. Det er billeddigte skabt som simple gigtøvelser, altså skabt som træning af gigtplagede hænder og fingre. Bedøm dem venligst på den baggrund og som del af bogen.

Lyrik i disse år forventer mange helt naturligt også afspejler de rå og voldelige tider, vi reelt lever i. Jeg ser intet problem i det. Jeg mener bare også, at vore bløde sider fortjener at blive husket på og fortalt om. Jeg kan nære et beskedent håb om på den vis at medvirke til at opbløde netop det hårde, vi i dagligdagen er nødt til også at gøre os til en del af.

Jeg ønsker dig god læselyst! Husk, det at læse og opleve lyrik tager tid.

Forår i haven, 2024
Tegning af Stig Colbjørn Nielsen

Selvforglemmelsens udfordring

Så skete det alligevel
Atter en gang igen i dag
De dybe tanker tog mig
Og tiden ophørte

Måske nye tanker fødtes
Uden jeg opdagede det?
Jeg ved jeg skuffede dig
Fordi jeg ikke kom

Tankerne fyldte min verden
En ubevidst egoisme
Som ramte dig hårdt igen
Kan du tilgive mig?

Kvindeportræt, 2025
Tegning af Stig Colbjørn Nielsen

Sangen i hjertets spejl
(Sang)

Sig mig kun hvad det er, du ønsker af mig?
Jeg vil give dig en stråle af lys,
Er det nok til at opvarme din sjæl?
Måske du bare aldrig har været god
Til at holde om de varme hjerter?
Tomheden må du bære alene

//:Jeg ved ikke, hvordan det er://
//:Jeg ved ikke, hvordan det er://

Fortæl mig nu bare ærligt om det,
Måske du så giver slip i mørket
Bare glider bort og alligevel
Er dig selv uden helt at forsvinde.
Skønt du har mødt kærlighedens væsen
Forstår du den alligevel ikke

//:Du har set hjertets blanke spejl://
//:Du har set hjertets blanke spejl://

Jeg ved, du også har mødt kærlighed
Du vedkendte dig den bare ikke,
Tør du ikke kigge i hjertets spejl?
Hvad kan jeg så give dig fra mig nu?
Bare den tyndeste stråle af lys
Ikke nok til at varme din sjæl op

//:Du ved ikke, hvordan det er://
//:Du ved ikke, hvordan det er://

Og hvad er det, du vil have af mig?
Sig mig det! Din stemme knækker over,
Hver eneste gang du taler dig varm
I dine øjne ser jeg tårerne
Salte som havets bølger i blæsten.
Nu ved jeg, du selv kender tomheden

//:Jeg ved godt selv, hvordan det er://
//:Jeg ved godt selv, hvordan det er://

Vi kan aldrig undslippe hinanden
Uanset hvor meget du ønsker det
Du tror, du kan give slip i mørket
Du glemmer spejlet i vore hjerter
Det reflekterer liv med kærlighed
Jeg ved, du ikke tør se i spejlet

//:Du mangler vore hjerters mod://
//:Du mangler vore hjerters mod://

Brug blot dit eget hjertes klare spejl
Tro trygt på alt det, du kan se deri
Så ser du, vi danser i sommeren
Og vi står under vinterens nordlys
Hvis jeg kan vise dig kærligheden
Kan du vise mig livet i verden

//:Kærligheden kan genskabes://
//:Kærligheden kan genskabes://

Kvinden på stenen ved Lille Maden, 2025
Tegning af Stig Colbjørn Nielsen

Blot en tøs

Skrid! Gå din vej, forsvind!
Gå væk, ud af mit liv.
Løb så langt bort fra mig,
Din fod kan bære dig.

Lyt til mig! Sig farvel,
Kom aldrig tilbage,
Aldrig nogensinde.
Jeg lever bedre nu.

Fri for din grå falskhed.
Du er bare en tøs,
Mit smukke legebarn.
Det er, hvad det blev til.

Led du bare efter
En ny og anden mig.
Skulle du finde ham,
Så prøv med ærlighed.

Føl hvordan han har det,
Når hans hjerte er knust?
Kommer så tårerne,
Vær ikke ligeglad.

Din nye fortælling
Du har den i morgen.
Du er blot endeløs
Dyb ligegyldighed.

Med dig er min hele
Verden sat over styr.
Jeg ved det, du er min
Elskerinde, mit håb.

Tak, tusind tak for det;
Men farvel, kærlighed!
Du er uærligt falsk
Kvinden uden hjerte.

Natten for kort til dig,
Du sætter liv på spil,
Kom nu bare afsted
Forsvind helt fra mit liv.

Det er for kort til dig.
Jeg kan ikke rumme
Tomheden du giver.
Følelserne de dør.

Måske elsker jeg dig
Fortsat dybt i hjertet?
Det er lige meget,
Du er kun sex for mig.

Forsvind helt bort herfra,
Indtag verden på ny
Gør det nu uden mig
Du har din ensomhed

Du ville alligevel
Ikke være sammen
Du kan ikke elske
Du er uden varme.

For resten af livet
Min sidste elskede,
Så farvel kærlighed,
Farvel til ny længsler.

Måske jeg elsker dig
En smule i hjertet?
Har jeg aldrig fortalt
Du er min kærlighed?

Gå, forsvind, bliv borte
Inde bag brysterne
Er du hul, kold og tom
Hjertet er der ikke.

Lev dit liv i solen
Stjæl andres følelser
Skab kulde på din vej.
Det bliver uden mig!

Menneskemasken 2024
Tegning af Stig Colbjørn Nielsen

3 franske anemoner i vand, 2023
Tegning af Stig Colbjørn Nielsen

Brændende kærlighed

Min vilde kærlighed
Kærligheden til dig
Tidløs omfavnelse
Grænseløshed til dig

Det hele ændrer sig
For mig, i mig, om mig
Du lover os intet
Du giver ingenting

Som blæst over bølger
Kommer dine kærtegn
Jeg svæver i livet
Elsker det gør vi vildt

Lad os blive sammen
Skæbnen binder os jo
Tag nu blot væk med mig
Vi vil møde lykken

Vi skaber ny farver
Vi giver dage bort
Vi undskylder intet
Vi siger aldrig nej

Elsker dig som du er
Du accepterer mig
Vi er lige sjæle
Vi har det godt sammen

Trods det kan du ikke
Elske den du er nu
Kom her! Vi skal danse
Danse ind i livet

Alligevel går du
Du vender dig ikke
Vore kys og vor sex
Glæden, livet er væk

Kom tilbage til os
Giv mig dit smil igen
Elsk mig blot som du er
Slip dine følelser

Håbet står i sandet
En afspejling af os
Hvad har du i hjertet?
Hvor er kærligheden?

Kom tilbage til os
Ja, jeg er kun en mand
Du er kvinden for mig
Er dit hjerte helt tomt?

Lad os blive sammen
Elsk mig i kærlighed
Lad os blive sammen
Del blot kærligheden

Brændende kærlighed 2025
Tegning af Stig Colbjørn Nielsen

Faret vild i hinanden

I aften vil jeg ikke med
Jeg vil kun være herhjemme
Du får mig slet ikke med ud
Jeg vil danse i mit nattøj

Husker du dengang vi mødtes?
Det var romantisk i solen
Du spildte sort kirsebæris
På min fine strøgne skjorte

Du forsøgte at fjerne det
Det blev meget værre af det
Det var bare ingens skyld
Og vi grinede forelsket

Det var den lune sommerdag
Hvor alting skete for os to
Vi holdt lykkelige i hånd
Eventyret tog os afsted

Hvorfor vil du nu altid ud
Hvor der er så mange andre?
Jeg vil bare blive borte
I dit blik og dine tanker

Har følelsernes vildveje
Og vore skarpe tunger ramt
Så vi ikke taler sammen
Fortæl mig hvordan det skete?

Vi to er aldrig alene
Vi er faret fuldstændig vild
I vore dybe følelser
Se det i øjnene kvinde!

Kom! Jeg skal se dit blik i mit
Hvilken grænse overskred vi?
Jeg vil mærke hjerter banke
Vis mig nu din vej videre

Vi to er slet ikke fejlfri
Der skal to til at tilgive
Jeg begynder med det samme
Ellers forbliver det galskab

Selvom jeg slet ikke kan lyve
Så gør du det helt fantastisk
I dag ser jeg ingen årsag
Forklar mig, hvad jeg ikke ved

Husker du kroppenes tale
Elskovs poesi i natten
Lad os blive hjemme sammen
Hjerternes sprog skal tale

Solnedgangens flammer over Storebælt, 2024
Tegning af Stig Colbjørn Nielsen

Un abbraccio non risolve i tuoi problemi, ma li
rimette in un posto più consono tra le priorita.
Fabio Privetera*, 2024*

Havet

Lyt til bølgernes brus
Blæstens kærtegn og sus
Dans med i strandkanten
Nyd himmelguirlanden

Skumsprøjtet frisk og klart
Alligevel så sart
Hemmelige steder
Til havfruers reder

Følg horisontens håb
Under mågernes råb
Sølvblanke ilinger
Hør lærkerne klinger

Vind og gus fra havet
Af en Huldre lavet?
Havhesten dukker frem
Igen med fynd og klem

Fra stormfulde dage
Er stilhed tilbage
Havet er kærlighed
Morgenlys aftenfred

Tanker gror fra stranden
Lette, blå som sangen
Magi, et eventyr
Sæt det ej over styr

Jazzballetdanserinde, 2024
Tegning af Stig Colbjørn Nielsen

Fortrydelse

Savner du mig aldrig blot lidt?
Tænk på mig en gang imellem
Minderne er uden mening
Erindring bliver nostalgi

Jalousiens grønne orm
Gnaver mig bare hul og tom
Jeg savner at følges med dig
Ærgrelsen piner mig helt vildt

Det gik måske som det kunne
Tænk lidt på mig alligevel
Det at have mistet dig helt
Tanken lammer mig fuldstændigt

Tiden går bare uden mig
Behold mig tæt i tankerne
Livet bliver en dødedans
Savner at du er her med mig

Tilgiv mig uden ærgrelse
Tænk på os og det vi havde
Blot en enkelt gang om dagen
Lad os mødes under himlen

Glæden er i øjeblikket
Efter før og inden om lidt
Lad håbet være vor livsvej
Du er mine lyse tanker

De små detaljer

Der er små detaljer
Om dig og mig og os
Ja, de små detaljer

Hvorfor ler du af det?
Sandheden ligger der
Blandt de små detaljer

Om alt før og om lidt
Du forstår mig ikke
Det hører jeg fra dig

Du ser det slet ikke
Detaljerne om os
Du vil have frihed

Til det du altid vil
Der er aldrig tid nok
Til det jeg gerne vil

Til mig øjeblikke
Der bliver tilbage
Jeg vil føle nærhed

Også når du er her
I de små detaljer
Findes livet med dig

I alle de små ting
Ser jeg dine ønsker
Må jeg opfylde dem?

Små detaljer mangler
Fra os til hinanden
Hvorfor disse masker?

Du er aldrig stille
Kærlighed er ro
I de små detaljer

Hvad er det dog med os?
Hvad er det, der mangler
Små detaljer fra dig

Mine hænder venter
Med kærlighed på dig
Fra mig til dig og os

Du skal prøve en gang
Sig at du elsker mig
Tag imod mig igen

Mange små detaljer
Om dig og mig og os
Er i vore tanker

Giv mig et øjeblik
Jeg overgiver mig
I de små detaljer

Blikket fra masken, 2022
Tegning af Stig Colbjørn Nielsen

Sono qui! È l'azione essenziale dell'amore.
Fabio Privitera, *2024*

Maskerne og rækkerne

Rækker, rækker, bare rækker
Som tråde i et ukendt mønster
Jeg er ligeglad, jeg gør hvad jeg vil
Jeg holder op med et eller andet
Jeg taber mig, jeg tager på i vægt
Et eller andet gør jeg, som jeg vil

Det er sikkert alt for meget for mig
Ligesom dig og alt det du er?
Jeg kan kun tælle minutterne
Der er for mange af dem alligevel

Fortæl mig noget, bare hvor du er?
Levende er jeg i det pulserende liv
Jeg overlever jo alligevel ikke
Tag ikke pusten fra mig bare kom
Jeg lever overhovedet ikke noget liv

Kærlighed er det liv, jeg ikke kan se
I live, jeg er i live, er jeg i live i livet?
Vi er alle masker på rækker i livet
I evighedens nat forlader vi rækken

Alt synes kun at være i erindringen
Er det hukommelse eller sandhed?
Alt ændrer sig altid; men jeg er her

Bliv hos mig for alvor denne gang
Rækker, køer, tråde i ukendt mønster
Vi bevæger os alle i uendelige rækker
Men noget må stadig være eksistens?
Vi kan ikke kæmpe os ud af rækkerne

Stop det hele, jeg kan se eksistensen
Vi har ikke lang tid tilbage på række
Livet, vi lever i rækkerne, er ikke liv

Nu ser jeg det hele derude
Vi er lukket inde i livsuret
Umuligt at nå en af viserne
Jeg kan alligevel ikke vente
Jeg gider ikke vente længere

Fortæl mig om livet udenfor uret
Sig mig nu bare, hvem du er?
Er jeg i live, er du i live, er vi i live?

Vi er maskerne for dem udenfor
Hver dag er vores ny evighed
Alt synes som Helvede er her
Jeg er her stadig inde i uret
Tiden går bare væk fra mig
Tiden kommer ikke nærmere

Stå nu sammen med mig på række
Rækker, tråde, regler, bestemmelser
Jeg kan ikke nå dig udenfor glasset
Maskernes farver skifter kalejdoskopisk

Troldmanden i vore hoveder, 2024
Tegning af Stig Colbjørn Nielsen

Varulven i os alle, 2025
Tegning af Stig Colbjørn Nielsen

Alle mine synder
(Kortprosa)

Jeg påtager mig skylden. Ja, det hele er min skyld. Jeg kunne ikke lade være. Det er sket. Jeg ved ikke, hvordan jeg skal forsvare det? Kan jeg overhovedet forsvare noget af det, når det kommer til stykke? Jeg vil vide, hvordan jeg kan forsvare mig selv. Det var smukt at gøre. Det var tåbeligheden selv.

Kan du ikke huske det? Du gjorde altid alt rigtigt. Du sagde sjældent noget. Jeg er færdig, jeg ved det godt. Jeg fortryder også det hele.

Stilheden støjer i mit hoved. Tavsheden larmer. Jeg løfter armene og går min vej; mens jeg bilder mig selv ind, at vi to er kvit. Jeg regner i hvert fald på det. Jo, vi er på nul nu. Jeg finder den styrke, jeg ikke har. Verden skal være min. Du sender mig ikke engang en e-mail længere. Spillene er dækket ind. Counter-Strike, Dota, Apex Legends, The Sims og Fortnite er mine eneste sande venner. Dit ansigt er blot et skydegalleri for mig i nætterne.

Måske griner jeg af os en dag? Måske møder jeg virkeligheden en solbeskinnet dag på stranden? Din og min kærlighed kan ikke ændre sig, kan aldrig igen blive andet end skærmenes blålys i de sene nattetimer.

Jeg vil vågne nu. Jeg vil gå fra den ene virkelighed til den anden. Lad mig være i fred. Jeg kan ikke finde ud af det. Du kan ikke hjælpe mig, du er bare et skydeansigt på en skærm.

I det grå på himlen i en anden by en anden gang, da tager jeg livet til mig på ny. Det hele skal være mit, jeg vil ikke dele det med dig. Selv min datter siger ja til det. Hun forsvarer mig i mit mismod. Jeg tager det mod, du ikke har, og som jeg heller ikke har.

Med dine hemmeligheder vil du en dag dø borte fra den virkelige verden. Måske vil jeg en dag kunne grine af os over denne håbløse kærlighed, der førte ind i skærmenes blålys i de livløse nætter?

Alt skal laves om. Jeg ved det godt. Jeg ved ikke hvordan. Væk mig ikke endnu fra den trygge spilverden, hvor alt kan ske. Lad mig være i fred i det grå lys fra himlen over en anden by langt herfra.

Sådan vil det ende. Jeg tager skylden for det hele på mig. Jeg er en flygtning fra mine egne tanker.

Det blå blomsterflor fra min have, 2025
Tegning af Stig Colbjørn Nielsen

Kan det være sandt?

(Dobbelt recitativ)

Det er slet ikke sandt
Kan det mon være sandt?
Alene er dejligt
Savner dig slet ikke

Ikke at elske dig er rart
Det kan umuligt være sandt?
Det kan det da ikke være?
Så dejligt at gå rundt helt selv
Sådan som jeg kan lide det
Endelig smiler jeg igen

Hvor sandt kan det være?
Er det nu også sandt?
Mit farvel var med smil
Du glemmer mig igen
Det er i hvert fald sandt
Det er bare sådan

Jeg læste i dine øjne
Men så ikke dine tårer
Du ville drukne mig i had
Det er alt for rigtigt og sandt
Til afsked får jeg ny glæde
Jeg er tilbage i livet
Min frihed var helt forsvundet
Den tog vinden med til himlen
Jeg skal ikke savne frihed

Hvor er der en sandhed?
Er min sandhed mon din?
Hvad kan vi ikke se?
Skal vi se det samme?

38

Du er ikke i mit hjerte
Jeg kan ikke føle noget
Sådan er sandheden blevet

Hvor dejligt det dog er
Nu at være i fred
Fri for vore krige
Dine fornærmelser
Ingen er bare født
Til at leve i had
Det er sandheden selv

Vi skal forlade hinanden
Uden bitterhed som voksne
Med nogen respekt i behold
Værdigheden skal være sand
Bliver det så virkelig sandt?

Jeg så gennem tårer
Ingenting betød det
Du var følelseskold
Med had forsøgte du
At drukne mit hjerte
Hvor frygteligt sandt
Det gør stadigvæk ondt

Vort farvel giver mig glæde
Også du skal finde et liv
Det giver os en ny glæde
Jeg ser, hvor pragtfuldt livet er
På vej væk deler vi glæden

Kærlighed er intet
Uden livets sandhed
Livets sandhed uden
Kærlighed er intet
Sådan blev vor sandhed

Sensommerrose fra forhaven på Agersø, 2025
Tegning af Stig Colbjørn Nielsen

Næsten mig selv (Novelle)

Det var en af de aftener, hvor natten syntes at strække sig uendeligt ud under stjernerne. De bløde blå sofapuder havde bevaret et aftryk af hendes så skønne krop og en lille rest af hendes fine duft af "Roma Passione." Min hånd gled helt mekanisk hen over aftrykket. Ja, jeg forsøgte at fange en sidste rest af hende. Lyset fra den enlige gadelygte udenfor kastede et dæmpet skær skråt ind i stuen. Det blandede sig med det blide og bløde skær fra den tændte lampe med den gamle Le Klint-skærm ovre i hjørnet.

"Er jeg stadig mig selv efter det her?" Jeg husker tvivlen, og at jeg hviskede det ud i stuens stilhed. Det var næsten, som om jeg fik et svar. Der var i mine øren et svagt ekko af hendes så klingende latter. Det var, som hang den endnu her i luften i min stue.

Slutningen på det hele var kommet med hende i aften og måske ikke så overraskende endda? Noget havde været undervejs et stykke tid. Hun sad bare der i sofaen og så mig i øjnene. Hun havde ikke nødigt at sige noget. Vi vidste det begge to. Det var nu! Så gik hun. Jeg hørte entredøren smække efter hende.

Vi havde altid bare været alene, når vi var sammen. Det var måske, set i bakspejlet, lidt mærkeligt? Nu var jeg helt alene med mine tanker i stuen. Hendes fravær føltes som en skygge over mit hjerte. Jeg ved ikke rigtigt, hvordan jeg som mand ellers skal udtrykke den mærkelige følelse?

Jeg greb den flaske italiensk rødvin, hun havde efterladt på det lille sofabord, og skænkede mig et glas. Jeg husker, at jeg hævede det gamle glas mod lyset og betragtede vinens smukke dybrøde farve. Den mindede mig alt for meget om hendes bløde, røde læber, den første gang vi havde kysset. Det var hende, der ville. Nu kom alle vore mange små fine; men stjålne øjeblikke panorerende forbi i tankerne. Skønheden ved dem forsvandt langsomt i stuens halvmørke. Hun havde glemt den bog, hun havde lånt mig, fordi hun så gerne ville have, at jeg skulle læse den. Jeg havde faktisk læst den! Et tavst monument på sofabordet over os som os.

"Jeg troede at kærligheden var smuk?" mumlede jeg for sig selv. Hendes skønhed havde skjult en dybere smerte, en ildebrand af følelser, som jeg nok alligevel aldrig rigtig havde forstået? I sidste ende var kærligheden blevet til en hilsen fra et helvede, jeg aldrig havde kendt til. Jeg kunne ikke indfri nok af hendes forventninger.

Med hvert lille sip af vinen syntes minderne at blive mere levende. Jeg kunne se hende sidde ved siden af mig her i sofaen. Et blidt smil på læberne og øjne fyldt med løfter om en fremtid, der aldrig skulle blive vor alligevel. Det havde været en fejl, en drøm, der ikke kunne realiseres. Jeg vidste det godt inderst inde. Jeg var blevet alene på sofaen. Min stue føltes tom uden hendes nærvær. Middagen, vi aldrig fik spist, stod stadig ude i køkkenet og duftede af forventninger. Kærligheden, som engang havde fyldt så meget, var nu bare en smertefuld påmindelse om, hvad vi havde mistet, eller i hvert fald hvad jeg havde mistet. Vi var ikke længere et os; men to ensomme hjerter i natten hver for sig.

Jeg tog en dyb indånding og lukkede øjnene. "*Vi skulle have elsket så smukt og varmt med hinanden i netop denne stjernebestrøede nat*," husker jeg, at jeg sådan bare lige sagde ud i stuen. Drømmen om en fælles fremtid var blevet forvandlet til fortid, til noget i erindringen. Den eksisterede ikke længere i den virkelige verden. Jeg sad i den virkelige verden. Var jeg ked af det eller var jeg ærgerlig på mig selv? Jeg husker det faktisk ikke længere. En vinyl med Verdis "Rigoletto" bredte sin vellyd i stuen og i mine tanker.

Måske kan jeg en dag tilgive hende? Måske kunne hun tilgive mig? Skal jeg også tilgive mig selv? For nu var det i hvert fald endegyldigt slut. Hun måtte være hjemme hos sin ægtemand nu? Jeg sad bare her alene og som næsten mig selv, fanget mellem det, der var, og det, der aldrig kan komme.

Rigoletto 1561, den gamle hofnar fra Mantova
Tegning af Stig Colbjørn Nielsen

Kærlighed i 5 Haiku

Mødes på engen
Kys og kærlig berøring
Hjerter slår i takt

Græsset vådt af dug
Varme kroppe forenes
Tryghed bekræftes

Stilheds øjeblik,
Kærlighedens kraft fylder,
Sjæle forenet

Fugle på himlen
Skæbner evigt forbundet
Vi går hånd i hånd

Bækkens ro hvisker
De glade blikke mødes
Drømme fra himlen

Gul rose fra forhaven på Agersø, 2025
Tegning af Stig Colbjørn Nielsen

Kvinde og mand

På nattens dybsorte augusthimmel
Blinker det overvældende stjernehvælv
Månelyset forsølver på havet
Vi fornemmer hinanden så intenst

Sandet gengiver de stille fodtrin
Med kærlighed mødes vore blikke
I det stille lune nattemørke
Øjeblikkets magi folder sig ud

Vore kroppe tager kærligt imod
Kyssene står i evighedens tegn
Med hjertet er vi hinandens verden
Stjernerne er Guds vinkende engle

Blomsterflor fra gårdhavens plantekasse, 2025
Tegning af Stig Colbjørn Nielsen

Hjertets nærhed

Nærheden mellem os helt essentiel
Vi skal bruge harmoniens råstyrke
Forskellighedernes fine symfoni
Så hjælper vi hinanden med at leve
Forbundet i gensidig forståelse

Sjælene skaber fælles fortrolighed
På rejse gennem livets øjeblikke
Gør det nemmere at finde glæderne
Ansigternes glade smilende øjne
Frister til kærlighedens eventyrkys

Vore hjerter følges ind i fremtiden
Det mentale overskud kan skifte frit
Ærlighed er nok til kærligheds styrke
Det vil tiden så tydeligt vise os
Følelserne engagerer hjerterne

Vi har mod til livsbekræftende nærhed
Også kroppenes varme sprog vil tale
De lyse og mørke dage vil skifte
Vor fælles nærhed skaber friheds rammer
Kom! Lad os tage hinanden i hænderne

Ydrasil, den gamle ask på hjørnet, 2023
Tegning af Stig Colbjørn Nielsen

Ømheden
(Recitativ)

Ømheden er i øjeblikket
Ømheden er i nuet
Ømheden er skrøbelig
Ømheden er sart og smuk

Det er som elverkvindernes
Hvide, flagrende musselin
Ømheden er som livet selv

Ømheden er tiderne
Uden glemsel og spor
I kroppe og sjæle

Ømheden er lyse tanker
Ømheden er fælles erindring
Ømheden er de fine bånd
Mellem urolige sjæle
Ømheden er farvestrålende
Ømheden er så stærk
At vi begge bliver et i den

Ømheden er for din skyld
Ømheden er for min skyld
Ømheden er genskabt liv
Ømheden er vore fælles liv

De elskende, 2025
Tegning af Stig Colbjørn Nielsen

Kom, lad os elske

Kom! Kom skønne kvinde
Lad mig igen mærke
Din hud, din duft, dit hjerte
Lad mig forsvinde bort
I dit lange, løse hår

Min nøgne hud
Søger din varme hud
Se! Sengens hvide lin venter

Kom! Rør ved mig
Og jeg skal kærtegne
Din ryg, dine lænder og baller
Tryk nu dine bløde bryster
Mod min ringe bringe

Jeg skal kysse dig uendeligt
Sæt dig og skræv over mig
Og skal fylde dig ud
Til du svæver bort
På elskovs vilde vinger

Kom! Kom tilbage til mig
Vi skal dele kærlighedens gave
Under den stjernestrøede
Nattehimmels eventyr

Kom! Du skal elske med mig
Jeg vil elske dig som aldrig før

Kom! Vi skal møde glæden
Livet og lysten og fortryllelsen
Vi får blodet til at strømme frit

Den liflige smag af dig
Og dine tusinde kys
Dit klare blik holder mig fast

Poesiens lille, tænksomme engel, 2024
Tegning af Stig Colbjørn Nielsen

Øjeblikket

I *øjeblikkets* lys
Ligger uvished, frygt, uro

Alt ganske uberørt
Øjeblikket er førfremtid
Og førnutid i et

Øjeblikket er min nutid
Der hvor tiden er væk

Ved jeg hvornår *øjeblikket*
Bliver sin modsætning
Forpligtende fremtid?

Efter nutid følger alting
Sammen med ingenting

Øjeblikkene er gnister
I uforudsete
Kaotiske hårde rækker

Romersk lyriker, Sulpicia
Affotograferet fresco fra Pompeji

Længsler og vemod

Længsler og vemod
Bliver alene
Tilbage på ny
Som i finsk tango
Glæden er borte

Jeg husker tydeligt
Lyset og stemmerne
Fuglenes frie flugt
En fornemmelse af
Sjæle som smeltede
Sammen i kyssenes
Søde kærlighedssmag

Drømmene fik englevinger
Hjerternes flydende musik
Rørte uendeligheden
Lykkens metamorfose

Hvor er du mon nu?
Glæden tog du med
Giv mig håb igen

De dæmpede lyde
Og dybfrosne tanker
Farver mit vemod blåt

En rød elguitar med vibrator, 2023
Tegning af Stig Colbjørn Nielsen

Flimrende drømme

(Kortprosa)

Om natten dukker du uventet op et sted i mine flimrende drømme. Du bliver et med mine længsler. Helt uforanderlig uopnåelig fjern og dog så nær, at jeg føler din varme fra de koldeste egne i mine drømme. Du er her ved mig, om mig, i mig. Alligevel er du ingen steder her. Jeg ser dig så klart og skært i mørket, som var solens varme og lys i mig. Jeg rækker tomt ud i uendeligheden, når dig dog ikke, kan slet ikke nå dig. Jeg vågner våd af den klamme koldsved. Endeligheden endelig tilbage i lyset fra natlampens brudflader i mørket. Mine tanker og drømme drypper ned på min dyne og danner de mønstre, der tegner det tågede billede af dig. Med Elverne forsvinder du sporløst ud af mit hoved i morgenens disede gry fra det regnvåde vindue. Du er nu borte og har aldrig været her. Den langsomme dag forsvinder i venten på nattens ensomme timer og drømme med dig levende og krævende i mig.

Solnedgang over Vatikanet, 2024
Tegning af Stig Colbjørn Nielsen

Synderne

Besynderligt vi beder så inderligt for synden
Muligt det ikke dækker besynderligheden selv;
Men alene selvets udlevede og brugte synder?

Hvem synder? Gør jeg? Gør du? Gør andre?
Gør ingen, kan synden ikke forlades igen
Hvor bliver synden af, når synden er forladt?
Syndernes samlede sum er vel konstant?
Eller faktuel tilgivelse måske?

Besynderligt som synden selv i virkeligheden
Syner så sølle i suset og pulsen fra livet
Som var synderne allerede forladt forinden

Måske syndernes forladelse forfalder
Dybt forgældet før kisten smækker?
Så står synden ene tilbage i liv og død
Klar til den næste, der påtager sig skylden
For det ukendte i de ukendte synder

Havfruen fra Østerrev, 2024
Tegning af Stig Colbjørn Nielsen

Blæst, bølger & bevidsthed

I mørke og mulm
Skyggernes sorte
Ukendte byer
i tankers svaghed

Med søgende blik
Blindhedens skarpe
Glimt farver tungsind
Jeg ser solens lys
Jeg ser stjernerne
Himlens blanke sølv
Jeg ser mørkets nat

Blæsten imod mig
Forfrisker mit mod
Håbet fra havet
bølger rejser sig
Smukt majestætisk

En forandring nu
Livet bag drømme
Om evigheden
Uforanderlig
Uendelighed

Min ny bevidsthed
Kræver det hele
Vil vide alting
Jeg vil blot leve

Storebælts bølger ved Vrangsbjerg
Tegning af Stig Colbjørn Nielsen

Un libro è come i primi passi di un bambino;
ispira sempre nuovi inizi.
Fabio Privitera, *2024*

Møde i natten

Spejlbilledet lyste
Som selve fuldmånen
Forsølvede natten
I vandpyttens dybhav

Nattehimlens stjerner
Blinkede så roligt
I den fløjlsbløde nat
Græsset duftede sart

Stille og forsigtigt
Trådte hun et par skridt
Ud i den brede pyt
Vandet veg til side

Endnu et lille skridt
vandet trak sig helt bort
Hvor fødderne trådte
Der blev fuldstændigt tørt

Et skuffelsens udtryk
Stod nu klart at læse
I det smukke ansigt
Vemod i øjnene

Det lange dybe suk
Bredte sig i natten
Alting blev så stille
hvorfor mon hun stod her?

Med helt tørre fødder
I sølvglimtende vand
Stod hun afventende
Lysende levende

Øjeblikkets engel
Løftede så langsomt
Sine hvide vinger
Mørket lukkede sig

Alting og ingenting
Var som før og aldrig,
Englens tavse tale
blev sangen i hjertet

Midnatsdanserinderne i Slagelse, 2025
Tegning af Stig Colbjørn Nielsen

Blind vej på Agersø, 2025
Tegning af Stig Colbjørn Nielsen

Spejlenes masker
(Recitativ)

Verden udenfor
Blot et billede
I verden indenfor
Urørlig smuk
Overskuelig
I livsrammen
Bare ingen
Forstyrrer den
Statiske opstilling
Af alting og ingenting
I fragmentering
Når det sker
Forlader dele
Af verden udenfor
Sit trygge blå
Endimensionale
Billede i verden
Indenfor
Her hvor de
Foranderlige
Ansigter lever
Som spejle
Af maskerne
Udenfor
Bliver gåder
Indenfor

Øjeblikkenes lys, 2025
Stig Colbjørn Nielsen

Stilhedens melodi

Indimellem kommer
Stilhedens melodi
Uventet upraktisk
Uforudset uhørt
Uhjælpeligt uset

Melodiens skønhed
En symfonisk stilhed
Min livskakofoni
Ingenting og alting
Vild uendelighed

Den kan vælte verden
Lukke øjeblikket
Knuse det ny klarsyn
Jeg brændende ønsker
At kunne dele nu

Væggene er nøgne
Rummet udvider sig
Usigelig matrix
Sære fornemmelser
Frihed, forståelse

Jeg ser sammenhængen
Stilhedens melodi
Styrer mine tanker
Jeg ved hvordan alting
Er forbundet med alt

Jeg ser lyset som lyd
Jeg ser lyden som lys
Jeg forstår det hele
Måske ved jeg alting
Fordi jeg intet ved

Melodien dør ud
Uventet som den kom
Jeg er nu tilbage
Sidder ganske ensom
I dyb uvidenhed

Stilhedens melodi
Genskabte mine håb
Ingenting det samme
Alting er forandret
Stilhedens helt ny sang

"Stille vand har den dybeste grund!"
Birthe Kjær, *2018*

Tidens sang

(Sang)

//:Hvem kan fortælle://
Hvor vejene går
Hvor dagen flyder
//:Det kan kun tiden://

//:Hvem kan fortælle://
Om hjertes sukke
Kærlighed flyver
//:Det kan kun tiden://

//:Hvem kan fortælle://
Om mit hjertes savn
Kærlighed borte
//:Det kan kun tiden://

//:Hvem kan fortælle://
Når veje mødes
Kærligheds vemod
//:Dybt i mit hjerte://

//:Hvem kan fortælle://
Når dagen sover
Hvis natten holder
//:Hele mit hjerte://

//:Hvem kan fortælle://
Kærlighed vokser
Mit hjerte valgte
//:Det kan kun tiden://

//:Hvem kan fortælle://
Hvor vejene går
Hvor dage flyder
//:Det kan kun tiden://

Drømmenes træ, 2025
Tegning af Stig Colbjørn Nielsen

Min dovne dag
(Sang)

Min langsomme dovne dag
Opsuges umærkeligt
Ganske ubønhørligt
Af tidens taktfaste gang
Drømmer dagen væk

//:Hør hvordan det synger og sukker
Hør hvordan dagen kan glæde sig://

Jeg vil beholde min dag
Min uendelige dag
Jeg vil blive midt i den
Skøre fantastiske dag
Endeligheden ophørt

//:Hør hvordan bølger og blæst græder
Hør hvordan tiden er under sejl://

En doven havørn svæver
Flyder i det himmelblå
Lad den bare flyve væk
Dovendagen fortsætter
Jeg lever uden pligter

//:Hør hvordan min dovne dag rejser
Hør hvordan tiden er under sejl://

Manden uden formildende omstændigheder,
2025
Tegning af Stig Colbjørn Nielsen

Blinkende stjerner

En nat mit hjerte husker
Alle stjerner blinkede klart
Det rigtige syntes evigt en gang
Vi var sammen
Vi to

En nat hvor morgenen nærmede sig
I luften og træerne hørtes fuglesang
Det evige morgengry ventede en gang
Vi var sammen
Vi to

Hvor langt er vi fra morgenen?
Hvor langt er vi rejst ind i livet?
Stjerner blinker gennem mørket
Stjerneskud
Vi to

En gang mens natten rejste bort
Var vore drømme vævet ind i os
Drømmene var alle værd at holde
Vi var sammen
Vi to

En nat sang vore hjerter
Vi var sammen lykkelige
De vinkende engle forsvandt bort
Vi var sammen
Engang

Strandens hemmelighed
(Drømmespil)

To elskende i det grønne græs
Se oppe over dem
Kun de to kan se
Hvor skyerne går hen
Men blot for at opdage
Støv og sollys gør himlen blå

Eftermiddagen går uden tid
Havstokkens småbølger risler
Lydene omkring bliver tættere
Fortæller dem historierne
Om drømme de aldrig kendte

Sølvgrå hjælme svajer i brisen
Som salte tårer fra havet
Som kommer til denne fjerne ø
Duften fra sandet er intens og skarp

Nogle fornemmelser kender de
Som lidenskab og kærlighed
Andre som livets frihed
Nogle fornemmelser falder
På tankerne som sommersnefnug

Når himlen over er blå
Går tiden i stå
Når himlen over er blå
Kommer drømme til
I det grønne græs ved stranden

De giver hinanden sommernavne
Efter Månen og stjernerne
Efter sommerens blomsterflor

Dette vil være den dag
Han aldrig vil glemme igen
Han vil tydeligt huske
Han kendte hendes hjerte

To elskende i det grønne græs
Midt i det flimrende sollys
Den dag kom en ægte kærlighed
Og samlede dem umærkeligt op

Et kys bekræftede kærligheden
Gjorde den fuldstændig universel
Som strandens navnløse sandskorn

Se dem i øjnene nu!
Hvis du tør se ind i kærligheden
Den blå himmelbue er spændt ud
Så de kan vide deres kærlighed
Er ægte og ingen andres

Drømme de aldrig har kendt
Står i kø for at forene dem
To elskende i det grønne græs

Thomas Johannes Kingo i 1676, Slangerup
Teolog, politiker, forfatter, digter & provokatør
Tegning 2024 af Stig Colbjørn Nielsen

"Hold dig til alles Nød og Trang med Hjælp og Trøst at
lindre, lad Verden aldrig nogen gang fra Kærlighed dig
hindre!" **Thomas Johannes Kingo**

Endnu et farvel
(Kvad)

Her står jeg
Med endnu et farvel
Hun siger farvel
Jeg græder ikke
Må mænd græde?

//:Jeg siger farvel og flyv videre
Et efter et falder mine blade
Stykkevis og delt fortælles mit liv://

Løgn er det ikke
Jeg vender mig
Siger bare farvel
Hun er årsagen til mine suk
Jeg må sige mit farvel
Tag mine suk med dig

//:Jeg siger farvel og flyv videre
Et efter et falder mine blade
Stykkevis og delt fortælles mit liv://

Min elskede
Jeg stiler for højt
Du siger dit farvel
Måske jeg hvorfor
Du ser ikke stjernelyset

//:Du siger farvel og flyv videre
Et efter et falder dine blade
Stykkevis og delt fortælles dit liv://

Intet farvel
Kærlighed lyser i øjnene
Sig alligevel ikke farvel
Du ved godt hvorfor
Vor kærlighed ikke kan dø

//:Vi siger ikke det tunge farvel
Et efter et spirer vore blade
Stykkevis og delt fortælles vort liv://

Her står jeg
Med endnu et farvel
Du siger farvel
Kan ikke se mig
Jeg står lige her

//:Vi siger farvel og flyv videre
Et efter et falder vore blade
Stykkevis og delt fortælles vort liv://

Hjertet er en pilgrim

Mit hjerte, min pilgrim
Hvordan rejser vi
Ad den vej, du vælger?
Rejser vi for at finde ud af,
Hvor vinden dør?
Hvor fortællingerne er?

Mit hjerte, min pilgrim
Du fortæller mig mine tanker
Alle dagene dukker frem
Af en dag, der ikke er mere.

Du fortæller mine tanker
Jeg ikke kan ændre på det
Kun ændre, hvor jeg træder.

Veje fører til rigdomme
Veje fører til indsigt
En vej fører til hjerterne
Til menneskenes sjæle.

I mit hjerte spekulerer jeg på
Hvilken er sandhedens vej?
Vejen med de åbne horisonter?
Vejen mellem menneskenes sjæle?

Mit hjerte, min pilgrim
Vil du finde svaret til mig
I alt hvad jeg siger og gør?
Finder du svaret i hjertedybet?

Dit hjerte er også en pilgrim,
Som vandrer ad dine veje.

Mit hjerte, min pilgrim
Som søger årsagen til,
At vinden dør ud
Som søger efter
Hvor fortællingerne gror.

Hjerte, pilgrim, sjæl
Den hele rejse
Min hverdags Camino
For at finde ud af
Hvem jeg er
Kan synes endeløs
For hjertet,
For en pilgrim kun kort.
Mit hjerte, min pilgrim!

Livsmasken, 2025
Tegning af Stig Colbjørn Nielsen

Helholmtrolden forstener i morgensolen, 2024
Tegning af Stig Colbjørn Nielsen

Solstrålernes dans

Midt på den grønne skråning
Ned mod havet og stranden
Strækker jeg mine lemmer
Under middagssolens
Livgivende stråler
Med halvt lukkede øjne
Nyder jeg solstråledansen
Ude fra de milde bølger
Som byger af diamanter
I mine øren lærkens triller

Den fremmede, 2025
Tegning af Stig Colbjørn Nielsen

Forår

Med et deler skyerne sig
Svalerne stiger himmelhøjt
Foråret føles atter i live
Markerne er grønne
Strandene dufter af hav

Hjulene ruller på cyklen
Den lyse dag spinder tråde
Stærke tråde ind i sindet
Farverne breder sig over dagen
Lyset så skarpt som blæsten

Også lyset synes at have lyd
Der er lys i alle dagens lyde
Tankerne får fart og rytmer
Øjeblikket udvider sig for mig
Så timen og dagen bliver tidløs

Kærlighedens yin & yang

Kærlighed *og sex*
Er fuldstændig personlig
Alligevel er det noget
Vi altid deler med en anden

Kærlighed *er paradoksal*
For enhver mand ved
At vejen til hendes hjerte
Går gennem hendes ego.

Kærlighed *er paradoksal*
Enhver kvinde ved også
At vejen til hans hjerte
Går gennem hans ego

Kærlighed *er uden regler*
I stedet står forventninger
Og fordomme i lange køer
For at binde drømme og liv

Kærlighedsblomsten i os

Jeg kender en ganske særlig blomst
Sart og fin med eleganteste duft
Saften klar som vand med smag af vin

Denne skønne blomst bærer et navn
Tungt som honning let som tanken
Den er som et kært og særligt kunstværk

Blomsten vokser frem af ingenting
Den kommer fra et hemmeligt skjul
Overraskelsen er altid overvældende

Den vokser altid vildt aldrig i haver
Når vi ser den der i solen lige foran os
Så ved vi at dens navn er kærlighed

Forventning og fordom, 2025
Tegning af Stig Colbjørn Nielsen

Landskabets grå toner

Jeg står af cyklen for at blive forenet
Med landskabets skiftende grå toner
Havet er på de tre sider min horisont
Blæsten vælter brutalt min grå cykel
Skyerne jager afsted til bølgebruset
Havørnenes silhuetter står knivskarpt

Landskabets grå toner står så tydeligt
At jeg kan høre den trods mine skridt
I den smattede rabat og det våde græs
Blæsten fylder mine øren og rusker mig
Regnen slår sig ned på mine briller
Min vindjakke er som en utæt våddragt

Et stykke derude i landskabet ligger den
Resten af højen forblæst og ugæstfri
I sin helt egen særegne øde tidløshed
Her er det så at sjæle holder møde
Om tider, der gik, tider der aldrig kom
Og tiderne som alligevel evigt består

Landskabets grå toner forandrer sig,
Det er tonen fra deres stemmer på
Højfolkets sprog vi andre for længst
Har glemt og siden forgæves har søgt
Hvad sjælene bag stemmerne ved
Kan jeg aldrig få noget at vide om

Glade blomster, 2025
Tegning af Stig Colbjørn Nielsen

Horisonten

Hvor langt
er langt nok
når begyndelsen
for længst
er tabt
af syne?

Kan målet
eller
hensigten
ændres?

Hvor langt
længere
er så langt nok?

Er det lange
perspektiv
langt nok
i virkeligheden?

Eller er
horisontens
grå geografi relativ
som sensommervejr
og Einsteins teori?

Pære på havebordet, 2025
Tegning af Stig Colbjørn Nielsen

Ingenting

Fraværet
Er det værste
Ikke blot
En mangel
Eller noget
Der ikke er
Eller er væk
> *Fraværet*
> *Er det*
> *Der slet ikke*
> *Er*
Fraværet
Er det
Ingenting
Der fylder
Mellem
Hullerne
> *Fraværet*
> *Fra været*
Hullernes
Poesi
Fraktalers
Idioti
> *Hullerne*
> *Imellem os*
> *Os imellem*
> *Og de andre*

Trold møder nisse med kors, 2023
Tegning af Stig Colbjørn Nielsen

Melankolia

Melankoli
Modbillede måske
Til forventede egenskaber
Hos det moderne menneske
I jag efter styrke og sundhed,
Kontrol og entusiasme
Nuets betydningsfuldhed
Magt over eget ego

Melankoli
Sindstilstand måske
Eller følelse uden ophør
Fravær af følelser i fart
Desillusioneret identitet
Apokalyptisk oplevelse
Undergangsstemning
Kulturelt selvbillede

Melankoli
Romantiseret virkelighed
Afsensualiseret relation
Idealiseret og undervurderet
Overspringshandling
Manglende sikkerhedsnet
Gennemlevet selviscenesættelse

Modbillede måske til det hele
Melankoli afløst af
Vemod

Torso, 2024
Tegning af Stig Colbjørn Nielsen

Grå uro

Når jeg ikke kan finde ro
I mit evige tankemylder
Opleves det mest som om
Lidt af mig slet ikke er her

Noget af mig er langt borte
Til tider omme bag horisonten
Så mangler jeg lidt af min sjæl
Den grå uro tager til igen

Morgendagens blå drømme
Forsøger jeg altid at fastholde
De drukner bare i gårsdagens
Desillusionerede tågede tanker

Dage hvor den grå uro er her
Forsvinder den virkelige nærhed
Findes ikke i min brændte sjæl
Så længes jeg tilbage til roen

Kvinden, 2025
Tegning af Stig Colbjørn Nielsen

Mit stjernedrys

Når du ligger der
Op ad min ryg
Og ånder mig
I håret og nakken
Så siver et ganske
Særligt og gyldent
Stjernedrys
Af kærlighed
Ud gennem alle
Mine blodårer
Og giver ro i livet

Undrende trold, 2024
Tegning af Stig Colbjørn Nielsen

Vikingeskib ved Agersø, 2024
Tegning af Stig Colbjørn Nielsen

Agersøs 455 år gamle havnenisse, 2024
Tegning af Stig Colbjørn Nielsen

Doctrina ideas

Vi tænker
Forestiller os
Vi er i Verden
Vore tanker er
Men ikke konkret
Til at røre ved

Tanker og ideer
Gennemstrømmer
Min og din verden
Tanken er objektet
Eller måske subjektet?

Objektet er ikke
Uden subjektet
Subjektet er ikke
uden objektet

Det materielle
Kan vi røre ved
Det materielle
Eksisterer og er
Når vi tænker
Tingens eksistens

Tænker vi den ikke
Er den heller ikke
Tankens klarhed
Forklarer det

Idealiseret manderolle, 2025
Tegning af Stig Colbjørn Nielsen

Kærlighedens nådegave

Dine glade øjne
Kaster livsglæden
Helt ind i min sjæl.

Ordløst beder du mig
Smilende gribe den
Livsglæden svæver
På hvide englevinger

Kærlighedens sødme
Tager jeg ydmygt imod
En ufattelig livsgave

Trist til mode, 2025
Tegning af Stig Colbjørn Nielsen

Bagefter

Det var alene glæden
Vi ville uden andet
Glæden stod forankret som
Selve livets glade kraft

Langsomt kom dog det meget
Andet ude fra verden
Umærkeligt med ind
Fortyndede vor glæde

Uforudsete sorte
Bekymringer fulgte med
Andre interesser kom
Stod og bankede på nu

Kærligheden levede
Samlede alting igen
Når alt fragmenterede
Vi så den bare ikke

Som efterårsdagene
Når blæsten kold flåede
Landskabet op derude
Imellem skyer og hav

Alligevel stod det klart
I erindringens minder
At den uendelige
Glæde en gang var i os

Idealiseret kvinderolle, 2025
Tegning af Stig Colbjørn Nielsen

Sommeren på træk

(Kortprosa)

Strandalléns gamle lindetræer blomstrer og dufter beroligende på gadens sommertravlhed fra og til færgen. De hvide blomster fra slåen og tjørn i haverne drysser som sommersnefnug på græsset.

Det er som om sommeren ganske stilfærdigt og frit går ind og ud af låger og hullerne i hækkene. Syrenernes mange klaser står strunke og rustfarvede på buskene rundt omkring. Solsorterederne i hegn og hække er tomme nu. Havernes overdådige roser er begyndt på deres eventyr med farver og dufte. Noget kvæg i den anden ende af byen brøler optimistisk. Græs og vilde blomster står overraskende højt langs rabatterne.

Sommeren på besøg fra fjerne lande er som at have besøg af gode venner ved havebordet under den havblå himmel. Gulspurven er flyttet fra marker og hegn til haven og underholder os med sin sang.

Hvert år er håbet, at sommeren vil blive, alligevel ved vi, at november kommer med storme og tåge, vinteren kommer med regn og rusk. Vi mindes om altings forgængelighed.

Rødkælk i haven, 2025
Tegning af Stig Colbjørn Nielsen

November

Det mørke hav har hvide toppe
Skyerne er mørke bjerge
Vindstødene saltmættede

Strandengene gennemsives
Langsomt af novemberregnen
Asketræets krone drypper

Stendigerne står ensomme
Husene trykker sig bagved
Menneskene er derinde

Mørkningen begynder tidligt
Eneste farve i regnen
Er nu stuernes varme lys

Livet er flyttet indenfor
Udenfor raser november
Over havet findes verden

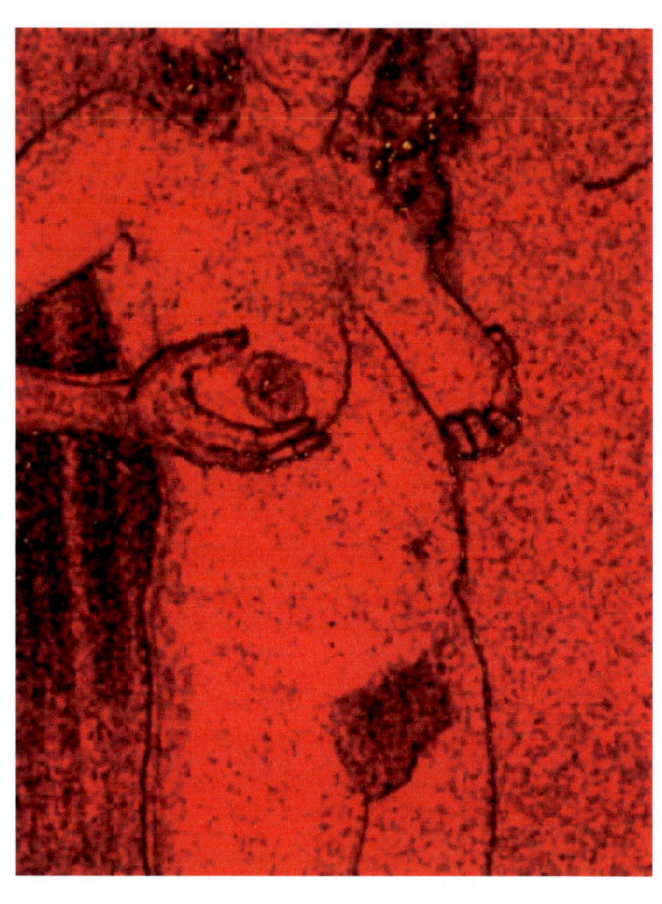

Moden kvinde, 2020
Tuschtegning farvelagt med vådt farvekridt og
ovntørret efterfølgende
Af Stig Colbjørn Nielsen

Det blev aften

Overrasket genser jeg mine øjne
Spejlet har en fortælling til mig
Jeg havde helt glemt de røde årer
Inde i mine øjnes engang så hvide

Mit blik er åbenbart ikke rastløst
Utålmodigt og indadvendt i dag
Spejlet vil fortælle mig noget
Måske hvem det er jeg ser på

Jeg savner allerede aftenens mørke
Den blå times løse og svindende lys
Hvor alle drømme kommer samtidig
Rykker bevidsthedshorisonten ud

Spejlet fortæller om tidens gang
Rødsprængte øje og dybe rynker
Rummer flere fortællinger end
De tykkeste bøger kan rumme

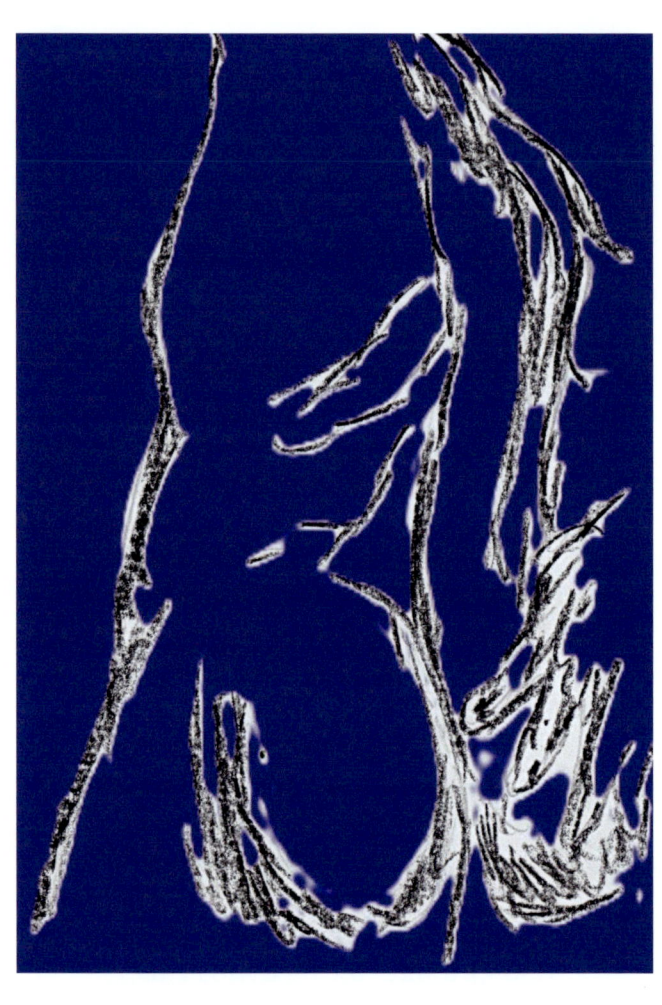

Mandetorso som spejlbillede, 2021
Tegning af Stig Colbjørn Nielsen

Tiden går og tanker består

Det sker igen og igen
Ja, det skete også i dag
Som det er sket så ofte

Indrømmet, jeg faldt i
Altså i tanker og staver
Og hele tiden gik forbi

Det var vigtige tanker
Lige i de korte øjeblikke
De hastigt myldrede frem

Bagefter var de måske
Ikke så vigtige endda
Nu mangler jeg tiden

Tiden gik uden mig
Alt det tiden tog med
Er for altid ukendt

Morgenvandring ad Via Appia, 2024
Tegning af Stig Colbjørn Nielsen

Sommernætter

Tænker
På tindrende timers
Blå bløde blues
Når natten næsten
Når næste
Morgens milde musik
Mellem os
Vore varme
Kroppe
Dybe drømme
Fylder fuldstændigt
Søvnen og sengen
Efter elskovs eliksir
Varme og velvære
Virkelighed
Ufattelig
Uendelig
Udelelig delt
Uforståelig for flere
Umoralsk måske
Lidt ligegyldigt
Det er virkeligt
Det er vor
Velsignede verden
Vild varm vovet
Vidunderlig
Vågen

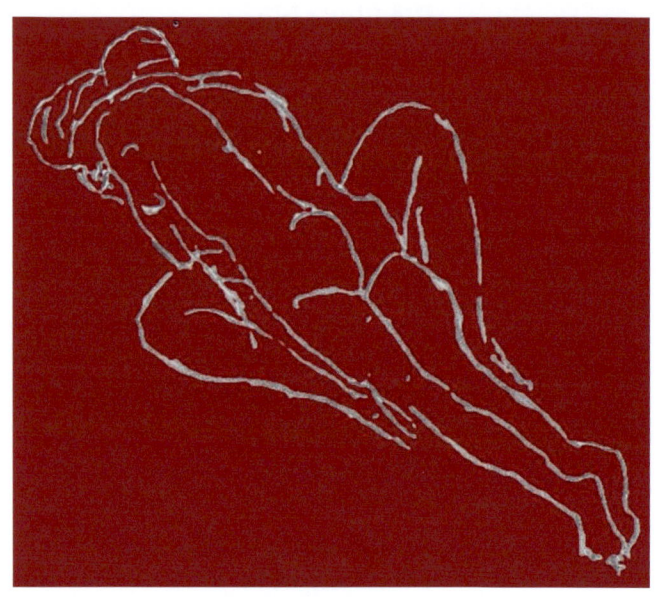

Kærligheden findes, 2025
Grafisk tegning af Stig Colbjørn Nielsen

Haiku med forbudte mora

Jeg ser Månens skær
Glimte i nattens sølvdug
Gennem vinduet
Fornemmer din hud
Nøgen varm modtagelig
Brysternes runding
Duftende kvinde
Passion begær i kys
Dine hænders leg
Arme om min hals
Dit lange hår dækker os
Velkendte lyster
Mit hjerte vågner
Min dirrende pik glider
I drypvåd kusse
Du tager imod
Holder mig i dit favntag
Slipper mig ikke
De første farver
Fylder himlen og haven
Fugles morgensang
Vore sidste kys
To verdener venter os
Afsked med glæden
Solen varmer os
Duggens sølvdråber borte
Morgenklokkers klang
To sjæle med håb
Genskabt harmoni på trods
Fuglene flyver

Kvinde på divan, 2021
Blød blyant og viskelæder
Tegning af Stig Colbjørn Nielsen

Usikkerhed

Usikkerhedens skygger danser
I hjertets dybeste afkroge
Mens tvivlens stemme stille hvisker
Hvad bringer fremtiden med sig?
Modet vakler og tanken flyver
I en grå verden udtømt for svar
Alligevel fødes i mørket
Tankens vilde tidløse styrke
Til at finde den mulige vej

Kvinden udefra, 2025
Tegning af Stig Colbjørn Nielsen

Min utålmodige længsel

Jeg længes utålmodigt
Når du er på vej til mig
Og jeg er på vej til dig

Jeg længes utålmodigt
Når du er på vej herfra
Og jeg er på vej fra dig

Jeg længes utålmodigt
Når vi følges hånd i hånd
Og vi ligger tæt sammen

Jeg længes utålmodigt
Efter det vi har sammen
Og efter det vi kan få

Jeg længes utålmodigt
Fordi jeg slet ikke ved
Om alt er borte om lidt

Omverdenens krav, 2025
Tegning af Stig Colbjørn Nielsen

At slå følge

Vil du nå til mit hjerte?
Så skal du gå min vej!

Vil du føle min glæde?
Så skal du kende mig!

Vil du føle min smerte?
Så skal du følge mig!

Vil du høre mit hjerte?
Så skal du komme her!

Vil du se nattens stjerner?
Så skal du stå helt tæt!

Epilog

Nu, hvor bogen ikke er længere, så er det mit håb, at hele eller dele af bogen får mulighed for at leve videre i dine tanker.

Brug indholds- eller billedfortegnelsen, når du eventuelt vil vende tilbage til en bestemt oplevelse i bogen.

Måske kunne du ligefrem tænke dig at læse mere lyrik fra min hånd? Så er der ganske mange at gå i gang med. Nogle af dem findes sikkert stadig på bibliotekerne. Dem, der måtte mangle, kan altid hjemlånes til læsesalsbrug fra Det Kongelige Biblioteks samlinger. Nogle af mine tidligere udgivne digtsamlinger kan selvfølgelig fortsat også købes.

Jeg har også skrevet meget andet, romaner, noveller, faglitteratur og artikler. Der skulle være gode muligheder for at finde mere fra min hånd. På den sociale platform, YouTube, har jeg en kanal, og en af de små videoer giver faktisk et overblik over, hvad der i tidens løb er blevet udgivet af litteratur fra min hånd.

Tak fordi du lader læselysten leve og trives!

Stig Colbjørn Nielsen

Tid til at være tænksom efter læsning?

Vætten Sunleif Thormodsbane, 2024
Tegning af Stig Colbjørn Nielsen

Digtene til dig

Billeddigte & illustrationer:

Nøkken i Agersøs gadekær, 2024
Tegning af Stig Colbjørn Nielsen

"Blækhuset," Agersø
Foto af Stig Colbjørn Nielsen

Her skrives og fortælles!
Få en aftale: colbjoern@gmail.com

www.newpub.dk

Har du virkelig travlt?

At læse og nyde lyrik og billeddigte kræver faktisk ganske meget af sin læser. Begge medier er superkoncentrerede, og skal du have et godt udbytte af det, så tag dig tid til lænestolen også bagefter, giv dine tanker fri og oplev, hvad der sker. Det er i hvert fald forfatterens anbefaling til dig.

Den travle måge, 2024
Tegning af Stig Colbjørn Nielsen